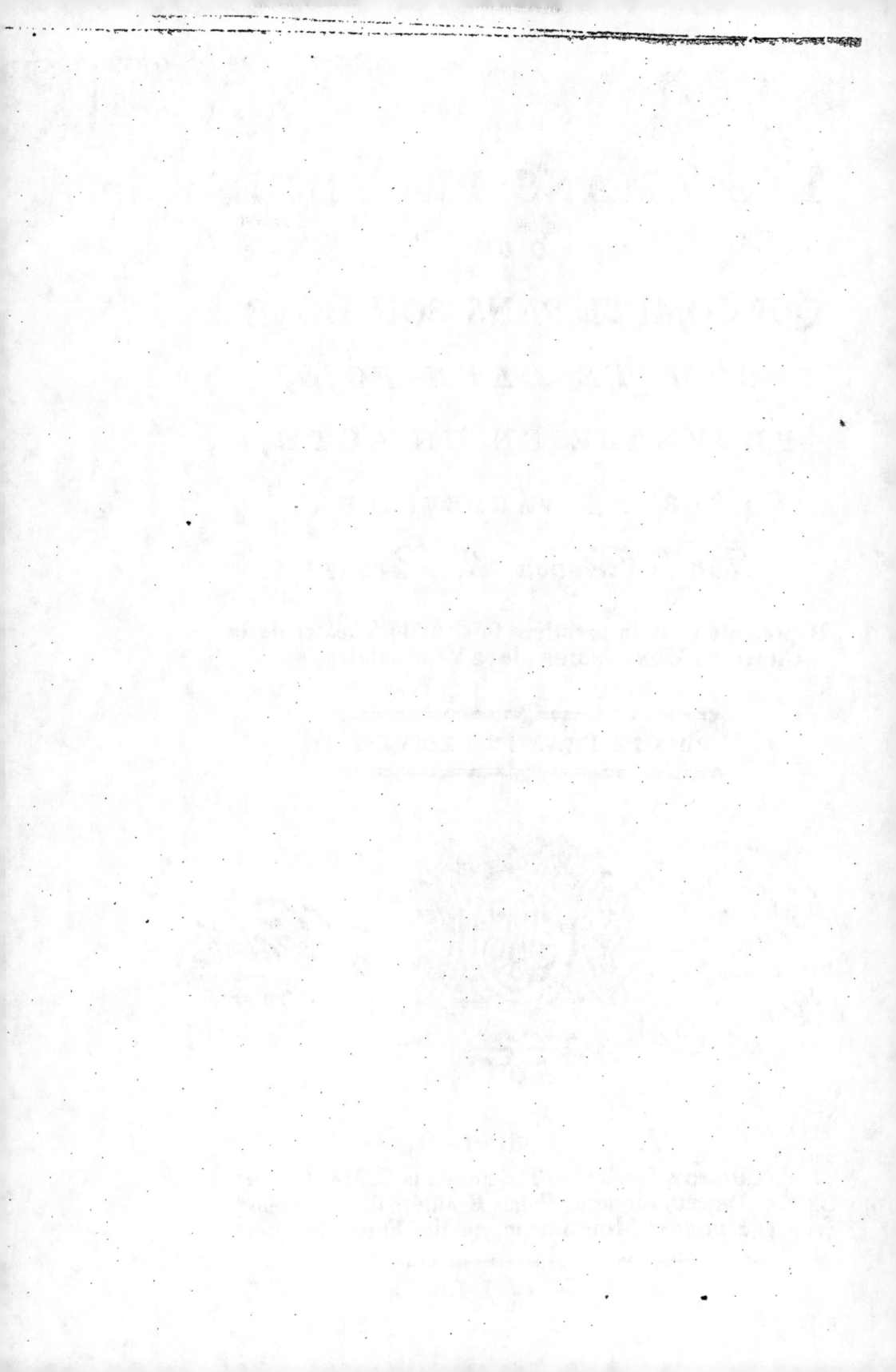

LES AMANS PROTHÉE,

OU

QUI COMPTE SANS SON HOTE,

COMPTE DEUX FOIS;

PROVERBE EN UN ACTE,

MÊLÉ DE VAUDEVILLES.

Par le Citoyen J. Patrat.

Représenté pour la première fois sur le Théâtre de la Citoyenne MONTANSIER, le 12 Vendémiaire, an 7.

PRIX : 1 FRANC 2 DÉCIMES.

A PARIS,

Chez { PISSOT, Libraire, au Théâtre de la C. Montansier;
DENTU, Libraire, Palais Égalité, gallerie de bois;
HUGELET, Imprimeur, rue des Fossés-Jacques.

AN VII.

PERSONNAGES.	ACTEURS.
DUVAL, *Homme froid et réfléchi.*	Le C. Dubois.
DUBRIEL, *Amant de Rosalie.*	Le C. Crétu.
ROSALIE, *Sœur de Duval.*	La C. Caroline.
LÉONORE, *Femme de Duval.*	La C. Caumont.
UN ENFANT, *Fils de Duval.*	

La scène se passe à Paris, dans une Maison garnie.

AVIS DE L'AUTEUR.

Le titre des *Amans prothée*, m'imposoit la loi de leur faire jouer toute. les scènes de travestissement ; mais je n'ai pu me refuser au plaisir de partager les rôles des femmes entre les deux Citoyennes auxquelles je dois la plus grande partie de mes succès. Je fais imprimer la Pièce telle que je l'ai conçue, et j'ajoute ici le petit changement nécessaire pour introduire le rôle de Finette.

Page 9, ligne 29.

ROSALIE.

...... J'entends une voiture.

SCÈNE II.
LÉONORE, FINETTE, ROSALIE.

FINETTE *accourant.*

Mademoiselle, ils entrent dans la cour.

ROSALIE.

C'est bon.

LÉONORE.

Si mon époux alloit s'offenser ?

ROSALIE.

De quoi?

FINETTE.

Ne craignez rien, tout est prévu. (*On frappe des mains derrière le Théâtre.*) J'entends le signal.

LÉONORE.

On vient.

ROSALIE.

C'est Dubriel.

Dans le restant de cette scène, Rosalie ne dit que
Hé bien, la gageure?

Finette dit le reste de son rôle, et joue les scènes d'allemande. A la fin de la Pièce, elle dit avec autre,
C'est votre sœur.

Ce Proverbe ne doit son brillant succès qu'à la manière dont il a été joué.

La citoyenne *Dancourt*, par son agréable baragouinage et les graces qu'elle a déployées en dansant, a mérité et obtenu les plus vifs applaudissemens.

Le citoyen *Créta*, qui a montré dans ses rôles une gaîté originale et une parfaite intelligence, a reçu du Public l'accueil le plus flatteur.

Et la citoyenne *Caroline*, par sa voix charmante et la manière enchanteresse avec laquelle elle embellit les airs les plus simples, a captivé tous les suffrages.

Les deux rôles subalternes ont été joués avec le plus grand soin par le citoyen *Dubois* et la citoyenne *Caumont*, et c'est à leur excessive complaisance que je dois cet ensemble précieux qui a assuré à cette Bluette un succès auquel je n'osais prétendre.

Timbre des Airs contenus dans cette Pièce.

LES AMANS PROTHÉE,

OU

QUI COMPTE SANS SON HOTE,

COMPTE DEUX FOIS.

PROVERBE MÊLÉ DE VAUDEVILLES.

Le Théâtre représente un Appartement.

SCENE PREMIERE.

LÉONORE, ROSALIE.

LÉONORE.

Ma chère sœur? vous êtes bien folle ?

ROSALIE.

Que voulez-vous, ma bonne amie ; c'est le penchant de mon sexe et le privilége de mon âge.

LÉONORE.

Vous avez été élevée par une tante.....

ROSALIE.

Charmante. — Sa campagne, que vous venez de voir, située dans une position délicieuse, à peu de distance de Paris, étoit le séjour des talens, l'asyle des arts, et le rendez-vous des plaisirs. L'instruction et l'amusement s'y succédoient tour-à-tour et ne permettoient jamais à l'ennui d'aborder les limites de notre séjour enchanté.

A 3

Nº. I.　AIR : *Femme qui voulez éprouver.*

Lorsque nous venions d'applaudir
Aux découvertes du génie,
Nous retournions vite au plaisir
Sur les ailes de la folie.
Souvent des proverbes suivoient
Une expérience physique :
Et des charades terminoient
Une séance académique.

Avec grand soin l'on évitoit
Le pédentisme insupportable ;
Et le savoir ne se montroit
Que sous une forme agréable.
Pour jouir d'un sort enchanteur ,
Et pour en savourer l'ivresse,
Est-il mélange plus flatteur
Que le plaisir et la sagesse ?

LÉONORE.

Votre tante recevoit donc beaucoup de monde ?

ROSALIE.

Beaucoup ! Physiciens , Peintres , Naturalistes,
Musiciens , Poëtes , Philosophes ; il suffisoit d'un de
ces titres pour être parfaitement reçu.

LÉONORE.

Aujourd'hui , les titres sont communs ; mais les talens sont rares.

ROSALIE.

Ma tante avoit le tact sûr : elle profitoit des lumières,
s'amusoit des ridicules : mais nos grands maîtres étoient
toujours nos guides.

Nº. II.　AIR : *Par un malheur de l'Espiègle.*

De l'art des vers , cherchant la route sûre,
Racine en main , nous faisions des essais.
Avec Buffon , observant la nature.
Nous surprenions quelquefois ses secrets.
Quand des leçons de la philosophie,
L'obscurité venoit nous assoupir....
Un bal masqué ramenoit la folie ;
Et nous passions de l'étude au plaisir.

LÉONORE.

Vous aimiez beaucoup cette tante ?

ROSALIE.

De tout mon cœur : elle m'a laissé sa fortune, et je veux honorer sa mémoire en suivant à la fois et ses préceptes en son exemple.

LÉONORE.

Cela sera difficile.

ROSALIE.

Pas du tout.

LÉONORE.

Vous ne connoissez pas votre frère.

ROSALIE.

Rien n'est moins étonnant, il y a près de dix ans que je ne l'ai vu. A peine ai-je conservé une faible idée de ses traits ; et je suis bien sûre qu'en me présentant à lui, sans le prévenir, il ne me reconnoîtra pas.

LÉONORE.

Votre tante, en mourant, lui a donné de nouveaux droits sur vous.

ROSALIE.

Je sais qu'il est mon frère très-aîné, mon tuteur très-sage, et que ces deux titres sont très-respectables. Mais Dubriel est très-aimable : : nous nous aimons très-tendrement ; et si mon très-cher frère ne nous marie pas très-promptement, nous nous brouillerons très-certainement.

LÉONORE.

Tout cela est très-bien. Mais mon époux tient fortement à ses opinions ; toujours phlegmatique, rien ne l'émeut ; il ne s'afflige ni ne se réjouit. Il mène une vie uniforme, et conserve toujours son sang-froid.— « TRANQUILLITÉ et FRUGALITÉ » voilà sa devise.

ROSALIE.

Ce ne sera pas la nôtre.

A 4

Nº. III. AIR nouveau.

Pour conserver notre gaité
Laissons le philosophe austère,
Renoncer à la vérité,
Pour courir après la chimère.
Et sans vouloir vous opposer
Aux vœux de la nature sage,
Jouissons sans abuser
De tous les plaisirs de notre âge.

LÉONORE.

Je crains de vous affliger.

ROSALIE.

Rien ne m'afflige : j'ai cela de commun avec mon frère. — Mais tout m'amuse, et voilà en quoi nous différons beaucoup. — Parlez hardiment.

LÉONORE.

Mon époux doit venir à Paris pour terminer un procès qui vous regarde.

ROSALIE.

Je le sais.

LÉONORE.

Et il m'a envoyé à votre campagne avec mon fils, pour l'attendre, et vous instruire de sa volonté.

ROSALIE.

Je la connois ; il ne veut me marier que quand j'aurai vingt-cinq ans.

LÉONORE.

Cela est vrai.

ROSALIE.

Je suis sa très-humble servante.

LÉONORE.

C'est un homme ferme dans ses résolutions.

ROSALIE.

Et moi aussi.

LÉONORE.

Jugez si vous pouvez le faire changer d'avis. Il m'aimoit éperduement lorsqu'il me demanda à mes

VAUDEVILLE. 9

parens. Eh bien : il les prévint qu'il ne m'épouseroit
que trois ans après, parce que je n'en avois alors que
vingt-deux.

ROSALIE.

Oh ! Dubriel ne sera pas si patient que lui. Comment
mon frère l'a-t-il trouvé ?

LÉONORE.

Réfléchi, sensé, raisonnable.

ROSALIE, (éclatant de rire.)

Rien n'est aussi gai, aussi vif, aussi fou que lui,
après moi.

LÉONORE.

Vous me surprenez infiniment.

ROSALIE.

Vous verrez aujourd'hui même, de quoi nous sommes
capables.

LÉONORE.

Comment aujourd'hui ?

ROSALIE.

Je ne vous ai pas fait revenir à Paris sans dessein.

LÉONORE.

Expliquez-vous.

ROSALIE.

Dubriel qui a saisi le caractère de mon frère, a
gagné son amitié et l'a déterminé à partir sur-le-
champ pour Paris : ils vont arriver ensemble. Instruite
par lui de ses desseins, je me suis rendue maîtresse
absolue de cette maison. Et, au moyen d'une gageure
qu'ils ont faite ensemble.....J'entends une voiture.

LÉONORE.

Et si mon époux alloit s'offenser ?....

ROSALIE.

De quoi ?

LÉONORE.

Que dira-t-il en nous trouvant ici ?

ROSALIE.

Ne craignez rien : il ne vous verra pas. Tout est prévu;
mes ordres sont bien donnés et seront bien exécutés.

*(On frappe des mains
derrière le Théâtre.)*

LÉONORE.

On vient.

ROSALIE.

C'est Dubriel : j'entends le signal.

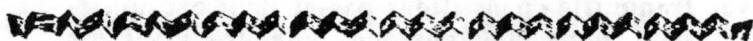

SCENE II.

LES MÊMES, DUBRIEL.

DUBRIEL, *(accourant.)*

MA chère Rosalie.

ROSALIR.

Hé bien, la gageure ?

DUBRIEL.

Je la gagnerai. *(à Léonore.)* Ah! Madame, pardon.

LÉONORE.

Où est mon époux ?

DUBRIEL.

Il ôte lui-même les paquets de la voiture.

LÉONORE.

Je le reconnois à ses soins minutieux.

ROSALIE.

Son valet-de-chambre nous gênera.

DUBRIEL.

J'y ai mis bon ordre.

ROSALIE.

Comment ?

DUBRIEL.

A la dernière poste, je lui ai donné une fausse adresse; il va descendre chez un de mes amis, que j'ai prévenu, et qui le retiendra pendant quarante-huit heures.

LÉONORE.

On ne lui fera aucun mal?

DUBRIEL.

Le plus grand risque qu'il puisse courir, c'est de s'enivrer toute la journée. (*à Rosalie.*) Avez-vous eu soin?....

ROSALIE.

Soyez tranquille : nous allons passer dans cet appartement, d'où nous pourrons tout entendre : s'il est besoin de nous concerter, vous y viendrez par le petit escalier. J'ai fait porter toutes les choses nécessaires, et quels que soient les personnages que nous serons obligés de jouer, nous ne manquerons de rien.

DUBRIEL (*lui baisant la main.*)

Vous êtes charmante !

ROSALIE (*à Léonore.*)

Nous aiderez-vous ?

LÉONORE.

Non, en vérité : c'est bien assez de me taire, et peut-être....

SCENE III.

LES MÊMES, DUVAL (sans être vu.)

DUVAL (*appelant.*)

Dubriel ?

DUBRIEL.

Il m'appelle : rentrez-vite.

LÉONORE.

A quoi m'exposez-vous ?

ROSALIE (*l'emmenant.*)

A vous amuser de nos folies. (*Elles rentrent.*)

DUVAL (*appelant.*)

Dubriel ?

DUBRIEL (*à la porte du fond.*)

Par ici.

SCÈNE IV.

DUBRIEL, DUVAL. UN Postillon *portant des paquets.*

DUVAL (*à Dubriel.*)

DANS quelle auberge m'avez-vous donc conduit ?

DUBRIEL.

Dans la meilleure de Paris.

DUVAL.

On n'y trouve personne ! et sans ce postillon......

DUBRIEL.

Oh ! soyez tranquille. Vous ne vous attendez pas à la manière dont vous serez traité ici. (*Au Postillon.*) Placez ces paquets dans cette chambre.

DUVAL.

Et ne touchez à rien. (*Se ravisant.*) Attendez, je vais tout mettre en place. (*Il entre avec le Postillon.*)

SCENE V.

DUBRIEL Seul.

VOICI le moment décisif ! Son sang-froid commence à m'inquiéter sur le succès de ma gageure. C'est à nous à redoubler d'efforts, et à empécher de résister à mes attaques.

Nº IV. Air : *Avec le bandeau de Minerve.*

Secondez-moi bien en ce jour,
O mon aimable Rosalie!
Et faisons triompher l'amour
Par le secours de la folie.
Duval pourroit, à la rigueur,
Nous blâmer d'employer la ruse.
Mais nous répondrons au censeur:
Notre bonheur est notre excuse.

SCENE VI.

DUVAL, DUBRIEL.

DUVAL, (*payant le Postillon.*)

VOILA pour vous. (*Il tient à la main un petit panier.*)
Le Postillon sort.

DUBRIEL (*à part.*)

Assurons bien notre gageure. Qu'est-ce que c'est que cela?

DUVAL.

Des porcelaines pour la femme de mon avocat. (*Il les arrange sur la table.*) Mon valet-de-chambre n'arrive pas.

DUBRIEL.

Il se sera trompé d'adresse.

DUVAL.

C'est possible.

DUBRIEL.

Expliquons-nous bien avant de nous séparer.

DUVAL.

Vous sortez ?

DUBRIEL.

Comme je ne veux m'en rapporter qu'à vous seul, ma présence est inutile : soyez vous-même votre juge.

DUVAL.

Vous ne pouvez en choisir un plus sévère.

DUBRIEL.

Voyons donc....

DUVAL (*souriant.*)

Je crois que vous avez peur de perdre.

DUBRIEL.

Non, mais j'aimerais mieux n'avoir pas besoin de gager.

DUVAL.

Hé bien, qu'il n'en soit plus question.

DUBRIEL (*vivement.*)

Vous consentez donc à mon mariage ?

DUVAL,

Je le desire même.

DUBRIEL (*plus vivement.*)

Sans délai ?

DUVAL (*en prenant doucement un peu de tabac.*)

Dès que ma sœur aura vingt-cinq ans.

DUBRIEL.

Quoi ! vous persistez......

DUVAL.

Toutes représentations sont inutiles : ma volonté est irrévocable.

DUBRIEL.

La gageure a donc lieu.

DUVAL.

Soit.

DUBRIEL.

Convenons de nos faits.

DUVAL.

Volontiers.

DUBRIEL.

Vous venez ici pour solliciter un jugement?

DUVAL.

Oui.

DUBRIEL.

Il faudra voir les pièces du procès.

DUVAL.

Je le ferai.

DUBRIEL.

Lire des écritures indéchiffrables.

DUVAL.

J'ai de la patience.

DUBRIEL.

Consulter les avocats.

DUVAL.

Sans doute.

DUBRIEL.

Visiter les juges.

DUVAL.

C'est dans l'ordre.

DUBRIEL.

Donner de l'argent aux procureurs.

DUVAL.

C'est l'usage.

DUBRIEL.

Aller aux audiences.

DUVAL.

J'irai.

DUBRIEL.

Ecouter des sottises.

DUVAL.

On en entend par-tout.

DUBRIEL.

Les lenteurs vous fatigueront.

DUVAL.

Jamais je ne m'impatiente.

DUBRIEL.

Les injustices vous chagrineront.

DUVAL.

Jamais je ne m'afflige.

DUBRIEL.

Les chicanes vous fâcheront.

DUVAL.

Jamais je ne me mets en colere.

DUBRIEL.

Et si rien ne finit ?

DUVAL.

J'attendrai tranquillement six mois, s'il le faut.

DUBRIEL.

Six mois ! et moi je gage qu'avant que deux jours se soient écoulés, vous vous serez impatienté ; vous aurez communément de colère, où vous vous serez fortement affligé.

DUVAL.

Si je conserve toujours mon sang-froid ?....

DUBRIEL.

Ma maison de campagne est à vous; mais si vous sortez de votre caractère.....

DUVAL.

Vous épousez ma sœur à l'instant.

DUBRIEL.

Parole d'honneur ?

DUVAL.

Parole d'honneur.

DUBRIEL.

C'est fait ?

DUVAL.

C'est fait.

DUBRIEL.

Adieu.

DUVAL.

En descendant, faites-moi un plaisir : j'ai dessein d'écrire un Précis de l'affaire qui m'occupe, afin de la présenter clairement aux juges: il me faut du papier, de l'encre; je veux aussi donner des ordres pour mon dîner: envoyez-moi l'hôte ou l'hôtesse.

DUBRIEL,

Volontiers. Mais ne faut-il pas avertir votre épouse et votre sœur que vous êtes ici ?

DUVAL.

DUVAL.

Non, en vérité.

DUBRIEL.

Pourquoi ?

DUVAL.

Cela me détourneroit de mes affaires , et j'espère bien
que vous ne les verrez que lorsqu'elles seront terminées.

DUBRIEL.

Et si cela traine en longueur.

DUVAL.

Vous attendrez.

DUBRIEL.

Et pourquoi retarder son bonheur ?

DUVAL.

Du bonheur ! eh ! où y en a-t-il ?

DUBRIEL.

Par-tout.

DUVAL.

Nulle part.

DUBRIEL.

Chaque âge a ses plaisirs.

DUVAL.

Dites plutôt ses chagrins.

N°. V. *On compteroit les diamans.*

Les pleurs et les gémissemens
Font le tourment de notre enfance.
Les passions dans le printemps
Empoisonnent notre existence.
Dans l'âge mûr les soins fâcheux
Nous feroient détester votre être ;
Nous souffrons quand nous sommes vieux ;
C'étoit bien la peine de naître.

DUBRIEL.

Je vois cela tout différemment.

DEUXIEME COUPLET.

Il ne nous faut que des joujoux
Pour être heureux dans notre enfance ;

B

L'amour par des plaisirs plus doux
Enchaîne notre adolescence ;
Nos enfans sont dans l'âge mûr,
Le seul bien qui nous intéresse ;
Et les souvenirs d'un cœur pur
Font le bonheur de la vieillesse.

DUVAL.

Et moi je soutiens........

DUBRIEL.

Laissons cela, et songez à notre gageure.

DUVAL.

Je la gagnerai.

DUBRIEL.

Vous le croyez ?

DUVAL.

J'y compte.

DUBRIEL (en s'en allant en riant.)

Souvenez-vous du vieux proverbe : QUI COMPTE
SANS SON HÔTE, COMPTE DEUX FOIS.

SCENE VII.

DUVAL (seul.)

JE m'attends à tout, et ne m'impatienterai de rien.
Je suis fâché à présent d'avoir reculé l'époque de leur
mariage ; mais je ne me démentirai point. Il faut
être homme, et ne pas varier un instant. Si je cédais,
que diroit-on de moi ? (Il sonne.) Personne. (Il réfléchit.)
Non, non.

No. VI. AIR : Guillot, Guillot.

De leur hymen, si j'avançais le terme,
Je passerais pour un homme inconstant.
Pour mon honneur, je dois, en restant ferme
Les affliger par pur entêtement.
Dans ce pays, plus d'un homme préfère,
Immolant tout pour illustrer son nom,
Le vain orgueil d'avoir du caractère,
Au plaisir pur d'avoir de la raison.   (Il sonne.)

Personne ne vient.

SCENE VIII.

DUVAL, ROSALIE (*habillée à l'allemande et baragouinant.*)

ROSALIE (*appelant avant de paroître.*)

CITOYEN Chobar? Monsié Chopard?

DUVAL.

Enfin, voici quelqu'un.

ROSALIE (*paroissant.*)

Il est dé à so ti! ô mon dié, mon dié! Je suis donc bien malheureuse beaucoup! ma pauvre mère il avoit bien raison pour dire « *Tu veux te marier, tu te mordras les pouces.* »

DUVAL (*voulant l'aborder.*)

Citoyenne?

ROSALIE (*sans prendre garde à lui.*)

Ah! la vilaine homme! à peine il avoit la morceau hors de la bouche, qu'il va à la tabagie. Il y resté toute la journée; et quand la soir il rentré, il est si gris! si gris! qu'il n'est pas capable pour.... Ah mon dié, mon dié.

DUVAL.

Voulez-vous bien m'écouter?

ROSALIE.

Ah! Monsié, je demandé pardon: j'avais pas vu tout de suite.

DUVAL.

Êtes vous la fille de la maison?

ROSALIE.

Je suis la maîtresse, Monsié, pour servir vous.

DUVAL.

Il y a bien long-temps que je sonne.

B 2

ROSALIE.

Excusez, Mousié, j'étais ein petit peu sorti devant le porte. — C'est ma faute.

DUVAL.

Voulez-vous bien ?...

ROSALIE.

C'est c'te voisine qui, touchour, il m'arrête, que je peux pas refuser.

Nº. VII. AIR : *Mon cher André, mon bon André.*

Mon dié ! mon dié que je suis bête ?
Car c'te voisine qui m'arrête
Y fait touchour mal à ma tête,
Pour m'ennuyer en chuchotant.
Mais je vais me faire une fête
D'être avec vous beaucoup honnête
　A tout moment
　Bien promptement.
　A chaque instant
　Bien lestement
A vous servir je serai prête ?
　D'où venez-vous ?
　Que dites-vous ?
　Que faites-vous ?
　Que voulez-vous ?
Je suis bien la servante à vous.

DUVAL.

Comment appelle-t-on cette auberge ?

ROSALIE.

C'est l'hôtel des Grâces.

DUVAL.

Elle est bien nommée, puisque vous en e ts la maîtresse.

ROSALIE.

La citoyen il est bien honnête. Il avoit pas touchour appelle comme ça. Autrefois il avoit pour enseigne : *les quatre Voyageurs*, qui sont sur la même cheval.

DUVAL.

Les quatre Fils-Aymon.

ROSALIE.

Oui : c'est ça. Il appartenoit au père de mon mari qui a épousé moi à Strasbourg, où je suis née. Il m'a ramené ici. La beau-père, il a été bien honnête.

DUVAL.

Je le crois.

ROSALIE.

Oh! bien honnête, car il est mort tout de suite. Et mon mari fort beaucoup galant, il a fait changer l'enseignement ; et j'ai été bien étonnée de trouver ein matin : *à l'Hôtel des Grâces.*

DUVAL.

Voulez-vous bien ?...

ROSALIE.

Il y a tout à l'heure deux ans que je suis mariée ; mon mari étoit venu à Strasbourg pour apprendre à faire la *saorcraote* ; c'est singulier, il me vit, je le vis, nous nous aimimes: ça fut tout de suite. Ein jour il me dit bien choliment:

N° VIII. AIR : *Contredanse.*

Mamselle Babiche,
Jamais je ne triche:
J'vous aime beaucoup tendrement ;
Si j'étais riche.
J'en s'rais pas chiche
Pour obtenir votre agrément,
Mamselle Babiche.

DUVAL (*l'interrompant.*)

Je suis désespéré de ne pouvoir entendre le récit de vos amours, mais j'ai des affaires ; faites moi donner un appartement où je puisse être tranquille.

ROSALIE.

Je conseille vous de garder celui-ci. Je donnerais bien un autre, mais c'est qu'il y en a pas.

DUVAL.

La raison est excellente.

ROSALIE.

Pour tranquille, vous serez beaucoup. On entendroit
voler une mouche. J'ai renvoyé ce matin ma servante,
parce que tout le jour elle chantoit. (*Elle chante.*)
« Oui s'en est fait, che me marie ».

DUVAL.

Citoyenne ?

ROSALIE.

Elle avoit appris à moi une autre chanson.

DUVAL.

Voulez-vous bien....

ROSALIE.

Le chanter, volontiers monsié, de tout mon cœur.
N°. IX. AIR : *On ne s'avise jamais de tout.*

Eine fille est un p'tite l'oiseau
Qu'aimé beaucoup l'esclavage,
Et qui chérissé le cage,
Qui seroit lui pour berceau :
Mais ouvrez la p'tite fenétre,
Crac ; pon soir, adié, on le voit disparoitre
Pour ne plus r'venir jamais,
Pour revenir plus di tout.

DUVAL.

C'est charmant ; faites-moi donner du papier, une
plume et de l'encre.

ROSALIE.

Ah ! j'avais bien votre affaire : je connois beaucoup
ein commis du pureau de la guerre, qui vient causer
avec moi quand mon mari il est sorti : il a la ponté de
me tailler ma plume ; ça va....

DUVAL.

Je suis pressé, et....

ROSALIE.

Ce sera tout de suite : je ferai demander demain
matin.

DUVAL.

Demain ?

ROSALIE.

Pour de l'entre, je suis à la source ; le cousin de mon
mari il tient la dépôt qui s'appelle *le petite Vertue.*
L'an passé y m'a fait présent pour eine pouteille, il
n'y avé plus rien dedans ; mais c'est égal. Je suis bien
sûre que le jour de ma naissance encore une autre.

DUVAL.

C'est heureux, mais....

ROSALIE.

Oh ! laissez faire ; rien ne manquera à vous di tout.
C'est bien la meilleur logis de Paris. Des lits !.... on
resteroit couché huit jours, si on n'avoit pas des
affaires ; et un cuisinier d'une leste ! *Leustic lans maan !*
On laissé pas seulement la temps de demander.

DUVAL.

Tant mieux, car je n'ai pas dîné.

ROSALIE.

La citoyen, il a pas encore diné ?

DUVAL.

Non.

ROSALIE.

C'est égal.

DUVAL.

Comment ?

ROSALIE.

La citoyen y veut pas diner aujourd'hui ?

DUVAL.

Pardonnez-moi.

ROSALIE.

C'est pas nécessaire di tout.

DUVAL.

Je crois le contraire.

QOSALIE.

Non : la citoyen y soupera peaucoup mieux ce soir.

DUVAL.

Au moins, en attendant, pouvez-vous me faire donner
quelque chose ?

ROSALIE.

Mon dié, je pourrois bien : mais c'est pas possible.

DUVAL.

Vous me disiez qu'on étoit servi si lestement chez vous ?

ROSALIE.

C'est vrai ; mais ma mari, il est allé pour fouer au colban. J'avé renvoyé la servante ce matin. La marmiton il est en commission. Le valet de l'écurie, il a été pour faire boire les cheval, moi je vais partir tout de suite pour la campagne de Clarville, où la demoiselle Rosalie il a fait appeler moi.

DUVAL.

Rosalie Duval ?

ROSALIE.

Oui. — Vous connoissez ?

DUVAL.

Non ; mais je connois une citoyenne qui doit être à présent chez elle.

ROSALIE.

Qu'elle avoit ein petite enfant bien choli ?

DUVAL.

Justement. — Pourquoi vous a-t-on demandé ?

ROSALIE.

Je croyois que c'est pour ein repas de nôce.

DUVAL.

Si cela est, vous avez du temps devant vous.

ROSALIE.

Pas trop. — Adieu, citoyen. — Vous allez rester toute seule dans le maison ; mais c'est tout de même, vous pouvez demander tout ce que vous voudrez, vous serez servi tout de suite. Je vais mettre mon gros rédingotte ; je partirai dans ma cheval gris qui va ein train du chiaple, et n'c, n'c, n'c, n'c, n'c.

DUVAL.

Mais, comment ferai-je dire au citoyen Mistral, mon avocat, de venir.

ROSALIE.

Ah! j'avois oublié. L'autre citoyen il envoié chercher par la marmiton, avec autre chose.

DUVAL.

C'est bon.

ROSALIE.

Adié.

DUVAL.

Bon voyage.

ROSALIE.

Si le noce se faisoit dans c'te maiton, ç'a seroit bien heureuse pour vous !

DUVAL.

Pour moi ?

ROSALIE.

Il y aura ein bal ; vous serez sûrement infité. — Dansez-vous ?

DUVAL.

Très-rarement.

ROSALIE.

Le menuet ? (*Elle chante et danse.*)

Nº. X. *Menuet d'Exaudet.*

Le ménuet,
Il est fait
Pour vous plaire ;
Car il va tranquillement,
Et je le crois vraiment
Dans votre caractère.
Voulez-vous,
Avec vous
Que je danse ?
Et puis vous m'embrasserez
Quand je ferai la ré.....
Vérence.

DUVAL.

La proposition.....

ROSALIE.

Vous aimé peut-être mieux l'allemande ; vous avez raison, c'est plus gai.

No. XI. ALLEXANDE. (*Elle chante et danse.*)

De cent façons, on passe ; on s'entrelasse,
Chaque nouveau
Fait un joli tableau,
On se poursuit : on s'évite avec grace,
On est penché
Sans être déhanché,
L'œil a de la tendresse,
La corps de la souplesse ;
On intéresse
En montrant son l'adresse,
Et le desir
Redouble le plaisir.

Allons ein petite walse.

(*Elle veut le prendre par les mains.*)

DUVAL.

Doucement s'il vous plait.

ROSALIE.

N⁹ XII. WALSE. (*Elle walse en chantant.*)

Allons,
Allons,
Soyons
Preste
Et leste,
De cent façons
Tournons
Et walsons ;
Que le plaisir vif par-tout se manifeste,
Et que nos corps
Soient comme des ressorts,
Effleurant la surface,
Et que l'on passe et repasse ;
Qu'on fasse
Cent tours avec vitesse et grasse,
Et sans qu'on se lasse
Qu'on walse toujours.

Ah ! fi ! vous êtes un mauvais danseur.

(*Elle sort en walsant.*)

SCENE IX.

DUVAL (*seul.*)

CETTE jeune femme est folle ! Sans ma gageure , je n'aurais pas supporté si patiemment son baragouinage éternel , et sa familiante insolente. Mais je suis mon juge, et je dois plus que jamais être en garde contre moi-même.

SCENE X.

DUVAL , DUBRIEL (*en Procureur, baragouinant le Provençal.*)

DUBRIEL.

EST-CE au citoyen Duval que j'ai le plaisir d'adresser la parole ?

DUVAL.

A qui ai-je l'honneur de parler ?

DUBRIEL.

A Mistral , votre Procureur.

DUVAL.

Ah ! soyez le bien venu : je vous attendois.

DUBRIEL.

Et moi , je vous desirois. J'ai besoin de vos conseils.

DUVAL.

Je me ferai un devoir de suivre les vôtres.

DUBRIEL.

Oh ! vous êtes un retord, je le sais. Vous avez le tact!

DUVAL.

Il ne faut que de la raison pour juger le fonds ; mais la forme exige de l'usage.

DUBRIEL.

Et la forme et le fonds ; et vous l'entendez à mira-
cle : vous avez la perspicacité de la nature.

DUVAL.

Le théâtre du monde.....

DUBRIEL.

Le théâtre ; c'est cela , vous y êtes.

DUVAL.

Où en sommes-nous de notre affaire ?

DUBRIEL.

Je vous montrerai mon ouvrage ; vous m'en direz
votre sentiment , sans partialité , sans flatterie. Vous
le trouverez superbe.

DUVAL.

Votre ouvrage ? avez-vous fait un Mémoire ?

DUBRIEL.

Un Mémoire? eh ! qu'est-ce que c'est qu'un Mémoire?
J'ai fait bien autre chose.

DUVAL.

Il n'y a rien d'assez compliqué.....

DUBRIEL.

Rien du tout : l'exposition est claire et naturelle. La
marche simple et rapide. Le dénouement tragique et
inattendu.

DUVAL.

Tragique ? Est-ce qu'il y a eu quelqu'incident ?

DUBRIEL.

Ah ! je vous en réponds : incidens bien tapés et
supérieurement ménagés.

DUVAL.

Je ne comprends pas.....

DUBRIEL,

Je le crois. Mon ouvrage, il est incompréhensible.

DUVAL (*souriant.*)

Mais alors , les juges.....

DUBRIEL.

Applaudiront à tour de bras.

DUVAL.

Les juges ?

DUBRIEL.

Eux-mêmes.

N° XIII. AIR : *C'est un Sorcier.*

On les verra dans le délire
Crier bravo, fra: per des mains :
De l'ouvrage on entendra dire
C'est le chef-d'œuvre des humains.
Le journaliste atrabilaire,
Contraint de céder aux talens,
Ecrira tant, tant, tant, tant !
Qu'il prouvera que sur la terre
Jamais on ne vit mon égal.
Vive Mistral ; vive Mistral.

DUVAL.

(*à part.*) Cet homme est modeste. (*à Mistral.*) A
quel tribunal sommes-nous appelés ?

DUBRIEL.

Au plus équitable. A celui du Public.

DUVAL.

Du Public ?

DUBRIEL.

C'es en vain qu'on cherche assez souvent à étourdir
le juge pour faire pencher la balance : on peut étouffer
un moment sa voix ; mais, au bout du compte, il
faut exécuter ses arrêts.

N° XIV. AIR : *Comme une pipe de tabac.*

Tribunal indulgent et sage,
Il prononce infailliblement.
Quand le calme a suivi l'orage,
Il faut subir son jugement.
Les cabaleurs auront beau faire,
Leurs efforts seront impuissans ;
Quand les juges sont au parterre.
Nos avocats sont nos talens.

DUVAL.

De quoi me parlez-vous, s'il vous plaît ?

DUBRIEL.

De ma tragédie.

DUVAL.

Mais c'est de mon procès qu'il faudroit....

DUBRIEL.

Et thron du procès. Je m'en bats l'œil. Belle misère.

DUVAL.

Vous en êtes chargé. . . .

DUBRIEL.

Eh ! que m'importe à moi ? C'est l'affaire de mes clercs ; que les procès se gagnent, qu'ils se perdent, il faut toujours qu'on me paie.... Mais ma tragédie !...

DUVAL.

Vous êtes poète !

DUBRIEL.

Si je le suis !!! — Avez-vous lu Voltaire ?

DUVAL.

Oui.

DUBRIEL.

Bagasse ! — Racine ?

DUVAL.

Oui.

DUBRIEL.

Bagasse ! — Corneille ?

DUVAL.

Oui.

Bagassassace !!! — Mistral ! Mistral. L'immortel Mistral ! *Nec plus ultrà.*

DUVAL (*à part.*)

Mon procès étoit en bonne main.

DUBRIEL.

Si je fais des vers ! ah ! vous allez en juger.

DUVAL.

Si vous vouliez bien m'envoyer votre maitre clerc.

DUBRIEL.

Eh ! vous avez du temps ; écoutez.

DUVAL (à part.)

Quelle patience il faut avoir ! (à Dubriel.) Vous
ne serez pas long ?

DUBRIEL.

Les heures vous paroîtront des secondes.

DUVAL (à part se mordant les doigts.)

Hum ! sans ma gageure !

DUBRIEL (déclamant.)

» Dans l'ombre de la nuit les rayons du soleil
» D'une sombre vapeur éclatant appareil ,
» Au fracas effrayant du plus morne silence,
» Éloignent à pas lents un monstre qui s'avance.
» Soudain je reste calme en palpitant d'effroi ;
» La peur ferme mes yeux ! Aussitôt je le voi
» Franchir aussi tremblant que les plus intrépides
» Des torrens desséchés , et leurs bourbes limpides
» Dans des gouffres profonds elevés jusqu'aux cieux,
» Des léopards tremblans: des agneaux furieux,
» Poursuivant sans bouger une montagne errante ,
» Jettent la paix dans l'âme au sein de l'epouvante,
» Et font rouler enfin des bitumes glacés ,
» Qui, jusqu'au fond des mers sur les monts sont lancés. »
Item ? que dites-vous de ces vers ?

DUVAL,

Qu'ils sont étonnans !

DUBRIEL.

Étonnant ! c'est le mot. — Et j'ai semé dans cet
ouvrage une morale douce. — Par exemple. La scéne
se passe à Moscou. La fille du grand Bramine doit
épouser un jeune Mandarin de Maroc.

DUVAL (à part.)

Ah ! bon Dieu.

DUBRIEL.

La rivale de la jeune fiancée, qui veut la perdre,

vient publiquement lui reprocher sa conduite passée, et lui dit :

» Ton tuteur te tentoit , tu tentais ton tuteur :
» Tes traits trop tentatifs tentoient ton tentateur.

Hem ? sont-ils ronflans ceux-là ?

DUVAL.

Je vous en réponds.

DUBRIEL.

Et pour faire opposition , la jeune fille s'écrie:
» Ciel ! si ceci se fait, ses soins sont sans succès ».

Hem ? cela est-il mielleux ?

DUVAL.

Certainement. — Parlons maintenant de mon procès.

DUBRIEL.

Il faut me dire auparavant ce que vous pensez de mon chef-d'œuvre.

DUVAL.

Mais.. ...

DUBRIEL.

Parlez sincèrement ; je déteste la flatterie.

DUVAL.

Vous l'exigez ?

DUBRIEL.

Absolument.

DUVAL.

Hé bien ? je crois que le sujet, la conduite et le style sont moins propres à la tragédie qu'à la parade.

DUBRIEL.

Qu'appelez-vous parade ?

DUVAL.

Vous avez voulu. ...

DUBRIEL.

Parade vous-même.

DUVAL.

Doucement.

DUBRIEL.

Savez-vous combien le monde est rempli de parade ?

DUVAL.

DUVAL.

Je sais.....

DUBRIEL.

Le procureur qui se vante d'accommoder les parties : *Parade*. — L'auteur qui donne, comme de lui, les scènes qu'il a copiées dans un roman : *Parade*. — L'acteur qui met les cris à la place de l'âme : *Parade*. — La virtuose qui se gargarise en faisant semblant de chanter : *Parade*. — L'écrivain qui déchire ce qu'il approuve pour faire acheter son journal : *Parade*. — Et ceux qui, comme vous, trouvent tout mauvais, sans se connoître à rien : *Parade ! Archi-parade, archi-parade ! !* Mais, je ne vous crains pas.

N° XV. AIR : *Des Francs.*

> Vous ne m'atteindrez jamais
> Par vos arcà mes fades.
> On verra par mes succès
> Que vos critiques sont des
>> Parades,
>> Parades,
>> Parades.   (*Il sort en colère.*)

~~~~~~~~~~~~~~~~~~~~~~~~~~~~~~~

SCENE XI.

DUVAL *Seul.*

Son départ me fait grand plaisir : j'étais prêt à perdre la gageure. Il me faut chercher promptement un procureur, car les intérêts de ma sœur. . . .

~~~~~~~~~~~~~~~~~~~~~~~~~~~~~~~

SCENE XII.

DUVAL, ROSALIE (*en Marchande de chansons.*)

ROSALIE.

N° XVI. AIR : *Hé ! gai, mon Officier.*

> Hé ! gai, gai, gai mon cavalier,
> Voyez ma marchandise ;

Hé ! gai , gai , gai , mon cavalier,
Choisissez le premier.
Chacun trouve à sa guise
Des couplets , des chansons ;
Je vends par entreprise
Les mauvais et les bons.
Hé ! gai , gai , gai mon cavalier ,
Choisissez le premier.

DUVAL.

Qui êtes-vous ? Que voulez-vous ?

ROSALIE.

No XVII. AIR : *Des deux Morts!*

Je suis la petite marchande ,
Je vends tous les nouveaux couplets ;
J'en donne comme on les demande,
Pour les airs et pour les sujets.
Mon abord paroit vous surprendre ,
Et je viens ici pour vous vendre
La p'tite chanson ,
La p'tite chanson.

DUVAL.

Je ne chante jamais.

ROSALIE.

Je chanterai pour vous.

DUVAL.

Je n'aime pas les chansons.

ROSALIE.

Vous avez tort.

DUVAL.

Laissez-moi , de grâce.

ROSALIE.

MÊME AIR : DEUXIÈME COUPLET.

Allons soyez plus raisonnable ;
Pourquoi repousser le plaisir ?
Il faut , quand on veut être raisonnable ,
Dès qu'il se montre , le saisir,
Bannissez la mélancolie.

Et profitez de ma leçon ?
Il faut pour égayer la vie,
La p'tite chanson,
La p'tite chanson.

DUVAL.

Vos chansons ne peuvent me convenir.

DUBRIEL.

J'en ai pour tout le monde.

DUVAL.

Un homme sage....

ROSALIE.

S'amuse de tout ouvertement : celui qui se cache est
un hipocrite.

DUVAL.

Mais....

ROSALIE.

Méfiez-vous de ces hommes-là.

Nº XVIII. AIR : *Jeunes Amans, cueillez des fleurs.*

Fuyons ces perfides humains
Qui, par caculs se montrent sages :
Quand le crime germe en leurs seins,
La candeur est sur leurs visages.
Ah ! combien de cœurs corrompus,
De Minerve arborant le casque,
Ont reçu le prix des vertus
Dont ils ne portoient que le masque.

DUVAL.

J'ai une affaire, et....

ROSALIE.

L'amusement passe avec tout.

DUVAL.

Et l'intérêt ?

ROSALIE.

Fi ! un avare est un être nul : il ne plait ni aux
hommes ni aux femmes ; il n'est propre ni aux plaisirs
ni aux affaires ; ni au célibat, ni au mariage.

DUVAL.

Ni au mariage ?

G 2

ROSALIE.

Assurément.

Nº XIX. Air : *L'Amitié n'est pas de l'amour.*

Tout homme avare a la manie
De n'aimer rien tant que son or ;
S'il prend femme jeune et jolie,
Il l'enferme avec son trésor.
Et de la fortune jalouse ,
Voulant conserver les bienfaits,
A son or , comme à son épouse ,
Le monsieur ne touche jamais.

DUVAL.

Vous êtes fort aimable , mais je suis occupé d'un procès.

ROSALIE.

D'un procès ? Êtes-vous chicaneur ?

DUVAL.

Je n'ai pas besoin de cette ressource.

ROSALIE.

Vous ne savez ce que vous méprisez.

DUVAL.

Si j'ai le bon droit de mon côté ?

ROSALIE.

A quoi cela sert-il ?

Nº XX. AIR : *Deux enfans*, etc.

Moins au bon droit qu'à la finesse,
Le gain d'un procès est soumis :
Souvent la chicane traîtresse
Etein le flambeau de Thémis.
Par la cabale et l'avarice
Au palais on voit chaque jour
Couvrir les yeux de la justice
Avec le bandeau de l'amour.

DUVAL.

Vous en avez beaucoup.

ROSALIE.

Plus que vous croyez. En faisant rire les hommes ;

je les examine : je juge de leurs vices ou de leurs vertus, et je lis aussi facilement dans l'âme d'un riche citadin, que dans celle d'un pauvre villageois.

DUVAL.

Il y a pourtant bien de la différence !

ROSALIE.

Je le sais : le pauvre perd quand il est vu de loin ; le riche y gagne.

N° XXI. AIR : *De l'orgueil la fatale ivresse.*

A nos yeux l'objet diminue,
Quand loin de nous il est posé.
Les parvenus, à notre vue,
Font un effet tout opposé.
De loin c'est une clarté vive,
Dont nos regards sont éblouis :
Ils sont grands dans la perspective,
Mais de près ils sont bien petits.

DUVAL.

Je n'aime pas les sarcasmes.

ROSALIE.

Voulez-vous quelque chose de plus gai ?

N° XXII. AIR : *La Savoyarde.*

Lorsque je quittai la montagne,
Tout en chantant,
Je m'en fus de campagne en campagne,
Crier gaiment :
Ah ! venez voir la marmote,
La marmotte envie ;
Donnez quelque chose à Javote,
Donez quelque chose à Javote...

DUVAL.

En voilà assez.

ROSALIE.

Aimez-vous mieux une chanson guerrière ? voici celle du petit Tambour.

N° XXIII. AIR : *Noté.*

J'avais atteint douze ans à peine,
Quand j'dis un jour :

Tout Français s'bat comme un Turène ;
    J'a^{...}rai mon tour.
    Ah ! sarpedié !
Attendant que j'sois capitaine,
    Je me fais Tambour.

DEUXIÈME COUPLET.

Tous les guerriers de l'Italie
    M'voyant joyeux,
En regardant ma mine hardie,
    S'disoient entr'eux,
    Ah ! sarpejeu.
Les ennemis d'la patrie
    N'ont pas beau jeu.

DUVAL (lui donnant un écu.)

Voilà pour vous, et laissez-moi.

ROSALIE.

Fi donc ! on ne me paie pas pour me renvoyer ; et loin d'accepter vos présens, c'est moi qui veux vous en faire un.

DUVAL.

Vous ?

ROSALIE.

Moi-même.

DUVAL.

Qoi donc ?

ROSALIE.

Un bon conseil. — Ecoutez:

N° XXIV. AIR: *Rondeau des Visitandines.*

    Point de mélancolie :
    Contentons nos desirs.
    Nous recevons la vie
    Pour chercer les plaisirs.
Sans s'arrêter, si le temps passe,
Il faut, sur lui, jetter des fleurs,
Et fuir toujours l'ennuyeuse grimace
Et des pédans et des censeurs.
Quelquefois ma gaité sommeille,
Mais elle ne s'engourdit pas.
    Pour qu'elle se réveille,
    J'entends à mon oreille

Le doux plaisir me répéter tout bas....
    Point de mélancolie, etc.
    Il faut dans l'allégresse
    Laisser nager son cœur ;
    Céder à la tristesse,
    C'est voler le bonheur.
    En suivant ma méthode,
    On en sent tout le prix ;
    Elle est fort à la mode,
    Et sur-tout à Paris.
Non, non: il n'est pas de moyens plus jolis.
    Point de mélancolie, etc.

                (*Elle sort.*)

SCENE XIII.

DUVAL (*Seul.*)

CETTE jeune fille est bien loin d'être sotte. — Il faut cependant prendre un parti. — Je vais prendre une voiture, et me faire conduire chez mon avocat. — Allons.

SCENE XIV.

DUVAL, DUBRIEL, *en Aubergiste ivre.*
DUBRIEL.

N° XXV. AIR : *Mon père étoit broc.*

ENTRE l'amour et le bon vin,
  En partageant la vie,
Quand l'un nous donne du chagrin,
  Avec l'autre on l'oublie.
  En vuidant mon pot,
  Je dis à Margot,
Qui m'entend à merveill
  Chantons tour à tour :
  Eh ! vive l'amour !
  Eh ! vive la bouteille.

DUVAL.

Encore un importun.

DUBRIEL, (avec politesse.)

Je vous salue, citoyen, de tout mon cœur.

DUVAL.

Que voulez-vous?

DUBRIEL.

Moi? ce que je veux?

DUVAL.

Oui.

DUBRIEL.

Ce n'est pas ça.

DUVAL.

Comment, ce n'est pas cela?

DUBRIEL.

Hé! non : c'est à vous à me répondre.

DUVAL.

Vous ne m'avez rien demandé.

DUBRIEL.

C'est égal.

DUVAL.

Expliquez-vous.

DUBBIEL.

Je me présente, c'est mon devoir : le vôtre est de
me dire ce que vous voulez. . . .

DUVAL.

Je ne vois pas trop. . . .

DUBRIEL (en confidence.)

Est-ce que vous êtes gris?

DUVAL.

Non, en vérité. — Mais je ne vous entends pas.

DUBRIEL.

Vous êtes donc sourd?

DUVAL.

Non, mais. . . .

DUBRIEL.

Je vous dis que je ne veux pas deviner ce qu'il vous
faut, et que si vous voulez que je vous le fournisse....

DUVAL.

Est-ce que vous êtes de la maison ?

DUBRIEL.

Tiens ! si je suis de la maison, à c't'heure.

DUVAL.

Le maître ?

DUBRIEL (d'un ton tragique.)

C'est-toi qui l'as nommé. (Il rit.)

DUVAL (à part.)

Sa femme le disoit bien : c'est un ivrogne.

DUBRIEL.

Hein ? — Comment avez-vous dit ?

DUVAL.

Que pour le moment, je n'ai besoin de rien.

DUBRIEL.

Ce n'est pas ça ! ce n'est pas ça.

DUVAL.

Comment ?

DUBRIEL.

Vous avez parlé d'ivrogne.

DUVAL.

Puisque vous l'avez entendu ...

DUBRIEL.

Ah ! ah ! (Il tire sa tabatière.) En ce cas.... (Il
prend du tabac.) Enchanté de vos vertus.... (Il serre
sa boîte.) Vous dites donc qu'un ivrogne....

DUVAL.

Devroit être assez raisonnable....

DUBRIEL.

Tiens ! comme ça raisonne ! Un ivrogne devroit être
raisonnable. — Ce n'est pas ça.

DUVAL.

Ce n'est pas cela ?

DUBRIEL.

Hé non ! je soutiens au contraire qu'un homme raisonnable devroit être ivrogne.

DUVAL.

Cela seroit difficile à prouver,

DUBRIEL.

Pas du tout. — Tel que vous me voyez, je suis philosophe moi !

DUVAL (souriant.)

Vous ?

DUBRIEL.

N'y a pas à rire là. Je le suis, et d'une fière force.

DUVAL.

Soit.

DUBRIEL.

Je vais vous le prouver.

DUVAL.

Je vous en dispense.

DUBRIEL.

Non, écoutez-moi. Il est un empire attractif qui nous entraîne malgré nous dans le tourbillon de nos affections naturelles. — Exemple :

Nº XXVI. AIR : *Mon cher Mr* (de Beaumarchais.)

L'attraction dont l'effet est bien clair
    Est un pouvoir irrésistible.
Comme l'aimant sait attirer le fer.
    L'amour attire un cœur s'ensible.
        Le pouvoir, les grandeurs
        Sont des aimans trompeurs
Dont l'ascendant conduit l'homme au délire.
    Pour moi, qui nargue le chagrin,
    L'enseigne du marchand de vin
    Est le seul aimant qui m'attire.

Hem ? c'est-il raisonner ça ?

DUVAL.

A merveille. Mais qui vous amène dans ma chambre ?

DUBRIEL.

Le dessein généreux de réparer une faute grave.

DUVAL.

Quelle faute?

DUBRIEL.

Je vous ai manqué.

DUVAL.

A moi?

DUBRIEL.

A vous.

DUVAL.

Vous n'y pensez pas.

DUBRIEL.

J'y pense, et je viens vous en faire raison.

DUVAL.

Raison?

DUBRIEL.

Oh! c'est que je suis diablement chatouilleux sur le
point d'honneur.

DUVAL.

Que m'avez-vous donc fait?

DUBRIEL.

Je n'étais pas ici au moment de votre arrivée, et je
vous ai laissé vous ennuyer tout seul.

DUVAL.

Si ce n'est que cela, je vous le pardonne.

DUBRIEL.

Paouf! ce n'est pas ça. — Avant de signer la paix,
il faut livrer bataille.

(*Il avance une table et des siéges.*)

DUVAL.

Comment bataille?

DUBRIEL.

Asseyez-vous.

DUVAL.

Mais....

DUBRIEL.

Asseyez-vous vous dis-je.

(*Il avance la table rudement et fait trembler les porcelaines.*)

DUVAL.

Prenez donc garde.

DUBRIEL.

Ce n'est rien : ne vous allarmez pas. J'en ai bien cassé d'autres.

DUVAL.

Cela est consolant.

DUBRIEL. (*tirant une boîte à tabac.*)

Voici d'abord les munitions de guerre. (*Il tire deux pipes de ... je ne ...*) Ceci, ce sont les canons. (*Il tire un briquet.*) Voici de quoi allumer les mèches.

DUVAL.

Que m'apportez-vous-là ?

DUBRIEL.

Un moment ; ce n'est pas ça. — Voici maintenant les provisions de bouche. (*Il tire de sa poche une bouteille et deux gobelets.*)

DUVAL.

Que voulez-vous faire de cela ?

DUBRIEL.

C'est du bon ! — Bordeaux. — Nectar.

DUVAL.

Je ne bois. . . .

DUBRIEL.

Il ne vous fera pas de mal, j'en réponds.

DUVAL.

Mais. . . .

DUBRIEL.

Laissez donc : je l'ai choisi, et je m'y connois.

Nº XXVII. Air : *De la pipe de tabac.*

On se grise avec le Bourgogne ;
Le Champagne grimpe au cerveau.

Aux vins qui tapent sur la trogne,
On doit préférer l- Bordeaux. (*bis.*)
Si nos tetes sont animées
Par le Segur ou le Pausac ,
Nous en chasserons les fumées
Avec la pipe de tabac. (*bis.*)

DUVAL (*e levant.*)

Je suis fâché de ne pouvoir vous tenir compag... Mais il faut que je sorte.

DUBRIEL (*l'arrêtant.*)

Ce n'est pas ça.

DUVAL.

Je....

DUBRIEL.

Asseyez-vous.

DUVAL.

Je dois....

DUBRIEL.

Boire et fumer.

DUVAL (*à part.*)

Comment me débarrasser de cet homme sans p....r ma gageure ?

DUBRIEL.

Je vais charger votre pi.e. Vous n'avez ... b temps à perdre ; car si ma femme revenoit...... Elle feroit un train.... Buvez.

DUVAL.

Pourquoi n'évitez-vous pas ce qui peut lui déplaire ?

DUBRIEL.

C'est que ce qui lui déplaît à elle , me plait à moi.... et vous entendez bien que.... (*Il rit.*) Buvons.

DUVAL.

Quel supplice !

DUBRIEL.

Vous l'avez vue, ma femme ?

DUVAL.

Oui.

DUBRIEL.

Elle est gentille dà !

DUVAL.

Oui.

DUBRIEL.

Elle a un petit air doux, et prévenant. . . .

DUVAL.

Cela est vrai.

DUBRIEL.

Hé bien, c'est un diable !

DUVAL.

Votre femme ?

DUBRIEL.

Elle est entêtée comme une allemande, fière comme une espagnole, bavarde comme une italienne, et coquette comme une française.

DUVAL.

L'éloge est complet.

DUBRIEL.

Elle ne me passe rien. La moindre erreur, le plus petit quiproquo, c'est un torrent d'injures, et cela n'est pas juste ; car enfin, qui est-ce qui ne se trompe pas dans le monde ?

N° XXVIII. AIR : *On veut avoir ce qu'on n'a pas.*

Quand je descends dans mon caveau,
En distinguant les tas à peine ;
Je bois le vieux pour du nouveau,
Et le Bordeau pour du Surène.
Si lorsque le vin m'a tapé,
Dans mon choix je me suis trompé,
Doit-on m'en faire des reproches?
Ah ! combien de gens dans Paris,
Sans être gris,
Sans être gris,
Se sont souvent trompés.... de poches.

DUVAL. (*voulant prendre son chapeau.*)

Vous avez raison. — Mais permettez....

DUBRIEL (*l'arrêtant.*)

Ce n'est pas ça.

DUVAL.

Je vous jure qu'une affaire....

DUBRIEL.

Vous boirez, ou que cinq cens mille tonneaux....

SCENE XV.

DUVAL, ROSALIE en *rédingotte de cheval*, DUBRIEL.

ROSALIE (*le fouet à la main.*)

Hé bien ? hé bien ? qu'est-ce que c'est que cette tapache ?

DUVAL.

Vous veniez fort à propos pour me débarrasr des importunités de votre mari.

ROSALIE.

Dhertaïble : Tu feras donc toujours des sottises.

DUBRIEL.

Doucement, ma femme.

ROSALIE.

J'ai sorti ein moment ; la diable il est à la maison.

DUBRIEL.

Quand tu rentres.

ROSALIE.

Tu sera toujours ein ivrogne !

DUBRIEL (*commençant en colère et finissant gracieusement.*)

Tu seras toujours une.... car... *d mia bella.*

ROSALIE.

Je suis bien à plaindre beaucoup.

N° XX. X. Air : *Mon Dieu*, des Méprises.

Bon dié ! bon dié qu de chargrin !

DUBRIEL.

A quoi bon se mettre en colère ?

ROSALIE.

Il a bu toute ma meilleur vin.

DUBRIEL.

La cave n'est pas votre affaire.

ROSALIE.

Bon dié que de chagrin !

DUBRIEL.

Hé ! bon dieu que de train !

ROSALIE.

Jamais , jamais j'aurois pu croire !

DUBRIEL.

Je vœux être maître chez moi.

ROSALIE.

Toute m'appartient ; rien n'est à toi,

DUBRIEL.

Ça, pour terminer cette histoire ,
Taissez-vous.

ROSALIE.

Taissez-toi.

DUBRIEL.

Ensemble. {

Tais-toi , tais-toi , tais-toi.
Je suis le maître et je veux boire
     Et je veux boire,

ROSALIE.

Tais-toi, tais-toi, tais-toi.
Je vengerai, tu peux m'en croire,
     Tu peux m'en croire

DUBRIEL (*le menaçant.*)

Te tairas-tu ?

ROSALIE.

Ah ! tu menacé moi ? attend ,

(*Elle lui jette une pièce de porcelaine.*

DUVAL,

DUVAL.

Hé bien, hé bien. — Ma porcelaine.

DUBRIEL, *renverse la table et casse le reste.*

Ah ! tu me le paieras. — Je descends à la cave, et je n'en sors pas que je ne sois gris. (*Il sort.*)

DUVAL.

Il n'aura pas grande peine.

~~~~~~~~~~~~~~~~~~~~~~~~~~~~~~~~~~~~~

SCENE XVI.

DUVAL, ROASLIE.

ROSALIE.

Jé demande bardon pour lui ; c'est ein vilain homme.

DUVAL.

Mais ma porcelaine ?

ROSALIE.

C'est rien di tout.

DUVAL.

Moi je trouve que c'est quelque chose.

ROSALIE.

Ramassez toutes les petites morceaux. Je donnerai à vous de la colle ; vous racommoderez fort bien.

DUVAL.

Bien obligé.

ROSALIE.

J'ai pourtant pas resté long-temps dehors.

DUVAL.

Est-ce que vous avez été à Clairville ?

ROSALIE.

Oui certainement, et revenue encore.

DUVAL.

Comment se porte tout le monde ?

D

ROSALIE.

Toute la même chose l'une comme l'autre.

DUVAL.

Tant mieux.

ROSALIE.

Tant mieux? c'est pas trop bou tant mieux.

DUVAL.

Comment? est-ce qu'il y a quelque chose d'extraordinaire?

ROSALIE.

Extraordinaire! oh! mon dié nou; ça arrive par-tout.

DUVAL.

Hé bien tant mieux.

ROSALIE.

Non pas tant mieux di tout.

DUVAL.

Expliquez-vous.

ROSALIE.

Le petit bête, il avoit beaucoup dérangé pour la
mariage.

DUVAL.

Quelle petite bête!

ROSALIE.

Le petit bête qui parloit si choliment; qui disoit
comme cela: *Baisez, baisez la patte.*

DUVAL.

La perruche?

ROSALIE.

C'est ça.

DUVAL.

Que lui est-il arrivé?

ROSALIE.

Pas grand chose.

DUVAL.

Mais encore?

ROSALIE.

Elle est morte.

DUVAL.

On n'aura pas eu soin d'elle.

ROSALIE.

Faut pas accuser autre personne que le petit bête.
—C'est sa faute.

DUVAL.

Comment, sa faute ?

ROSALIE.

Ein petite perroquet, il n'a pas de la raison di tout.
—Il avoit mangé trop de cheval.

DUVAL.

Qu'est-ce que cela veut dire ?

ROSALIE.

Vous allez comprendé tout de suite. —La sœur il
avoit apporté avec elle ein petit cheval bien choli.

DUVAL.

Un Espagnol.

ROSALIE.

Je crois. — Dans tonte cette embarras ; il étoit là
dans la cour. La petite perroquet, il avoit volé dessus :
il avoit mangé trop, et il est mort tout de suite.

DUVAL.

Quel conte me faites-vous là ? La perruche a mangé
le cheval ?

ROSALIE.

Pas tout entier.

DUVAL.

Parbleu, je le crois bien.

ROSALIE.

Il avoit plus la peau.

DUVAL.

Qui ?

ROSALIE.

La cheval.

DUVAL.

Mon cheval espagnol ?

R O S A L I E.

Il étoit à vous la cheval espagnol ?

D U V A L,

Oui, à moi.

R O S A L I E.

C'est tout de même : il est morte.

D U V A L.

Il est mort ?

R O S A L I E.

Vous fâchez pas. C'est pas sa faute.

D U V A L.

Comment , pas sa faute ?

R O S A L I E.

Non , la demoiselle il avoit dit : *Allez, ite.*

Nº XXX. AIR : *Par des Fleurettes.*

Le fermier de la terre
Monte à cheval soudain ,
Et s'en va ventre à terre
Chercher la médecin.
En croupe le docteur saute ,
Et revient au grand galop :
La cheval crève aussitôt.
C'est pas sa faute.

D U V A L.

Et pourquoi Rosalie envoyoit-elle chercher le médecin avec tant de précipitation ?

R O S A L I E.

C'étoit pour elle.

D U V A L.

Elle est malade ?

R O S A L I E.

Mon dié non : elle est plus malade di tout.

D U V A L,

Le médecin là donc guérie ?

R O S A L I E.

Il a pas pu.

DUVAL.

Comment ?

ROSALIE.

Quand il est arrivé. . . .

DUVAL.

Achevez.

ROSALIE.

Elle étoit morte.

DUVAL.

Rosalie est morte ?

ROSALIE.

Faut pas la gronder. C'est pas sa faute.

DUVAL.

Et par quel accident ?

ROSALIE.

N° XXXI. Air : *Par des Fleurettes.*

Dans la grande avenue
Elle se promenoit.
Tout à coup à sa vue
La flâme se montroit,
Et d'une fenêtre haute,
Entendant crier sa sœur,
Elle est morte de frayeur.
C'est pas sa faute.

DUVAL.

Où donc étoit le feu ?

ROSALIE.

Dans la maison.

DUVAL.

O ciel ! et ma femme ?. mon fils ?

ROSALIE.

C'étoit votre femme ?

DUVAL.

Oui.

ROSALIE.

Et le petit enfant si choli, il est à vous ?

DUVAL.

Oui; où sont-ils?

ROSALIE.

Ils sont rôtis.

DUVAL *les bras et la tête appuyés sur la table.*

Ah malheureux !

ROSALIE.

C'est pas leur faute.

DUVAL *furieux.*

Otez-vous de devant mes yeux, ou craignez ma colère.

ROSALIE *quittant sa rédingote.*

Entrez tous, il a perdu.

~~~~~~~~~~~~~~~~~~~~~~

SCENE XVII & dernière.

TOUS LES ACTEURS.

DUVAL.

COMMENT?....

DUBRIEL.

Pardonnez-nous un stratagême que nous avons cru nécessaire pour hâter notre bonheur. — Vous n'avez rien perdu que la gageure. — Voilà votre épouse, votre fils et votre sœur.

DUVAL.

Ah ! que j'avais besoin d'être désabusé.

(Lorsque l'allemande est jouée par Finette, le travestissement est inutile.)

VAUDEVILLE.

Nº XXXII. AIR : *Des deux Morts.*

PREMIER COUPLET.

ROSALIE.

Assuré de votre sagesse,
Le pari vous sembloit très-bon;
Mais l'amour, guidé par l'adresse,
Sait triompher de la raison.

On risque de tomber en faute
Quand on présume trop de soi ,
Et qui veut compter sans son Hôte,
Compte deux fois.

SECOND COUPLET.

DUBRIEL à Rosalie.

Que l'amour règne dans nos ames ,
Qu'il y remplisse nos desirs ,
Et qu'il renouvelle nos flâmes ,
En multipliant nos plaisirs.
Que pour nous chaque jour il ôte
Au moins deux traits de son carquois ;
On peut , avec un pareil Hôte,
Compter du fois.

TROISIEME COUPLET.

Avec un peu de tricherie ,
Nous avons fait pencher le sort.
Ce n'est pas étonnant di tout.
Vous avez perdu la partie :
Doit-on gagner quand on a tort ?
C'est pas chuste.
On commet une grande faute
Lorsque l'on veut contraindre un choix ;
Ein frère qui veut pas marier sa sœur de beaucoup
long-temps, quand la petite il vent l'être beaucoup
tout de suite , c'est pas chuste : heureusement....
Celui qui compte sans son Hôte,
Compte du fois.

QUATRIEME COUPLET.

AU PUBLIC.

Quand l'Auteur d'une bagatelle
Reçoit des encouragemens ;
Comme un marin dans sa nacelle ,
Il brave encore les élémens.
Si le vent le jette à la côte ,
Il dit en abaissant la voix :
Puisque j'ai compté sans mon Hôte,
Comptons deux fois.

FIN.